USINE PLEYEL WOLFF ET CIE

VISITE

faite à l'usine de St-Denis, par un groupe d'ingénieurs

et les élèves de l'École Supérieure des Mines

G. LYON

Ancien élève de l'Ecole Polytechnique,

Ingénieur civil des Mines.

Extrait du bulletin de l'Association Amicale des Elèves de l'Ecole supérieure des Mines

LILLE

IMPRIMERIE LEFEBVRE-DUCROCQ

—

1885

USINE PLEYEL WOLFF ET Cie

VISITE

faite à l'usine de St-Denis, par un groupe d'ingénieurs

et les élèves de l'École Supérieure des Mines

G. LYON

Ancien élève de l'Ecole Polytechnique,

Ingénieur civil des Mines.

(Extrait du bulletin de l'Association Amicale des Elèves de l'Ecole supérieure des Mines.)

LILLE

IMPRIMERIE LEFEBVRE-DUCROCQ

1885

USINE PLEYEL WOLFF ET Cie

VISITE

faite à l'usine de St-Denis, par un groupe d'ingénieurs et les élèves de l'École Supérieure des Mines

Fidèles au rendez-vous pris en leur nom par le Président de notre association, nos camarades de l'école des Mines arrivèrent à l'usine en grand nombre, accompagnés de plusieurs de nos antiques et des meilleurs. Malgré la diversité de leurs occupations et le peu de rapport qu'on est tenté de trouver à première inspection entre leurs travaux et ce que l'on peut bien faire d'intéressant dans une usine de pianos, ils n'hésitèrent point à se joindre à leurs jeunes conscrits et, de leur propre aveu, non seulement ils ne regrettèrent point leur peine, mais ils se félicitèrent vivement d'avoir vu tant de choses intéressantes, d'avoir appris autant de nouveau. Faisant la part de leur aimable exagération, nous retiendrons simplement ceci, qu'il y a beaucoup à apprendre à l'usine Pleyel, Wolff et Cie, même pour des anciens et nous inviterons ceux de nos camarades qui n'ont pu se joindre à nous à cette époque, à nous suivre dans la visite que nous fîmes alors à cet établissement avec leurs collègues.

L'usine couvre une superficie de plus de 4 hectares, au croisement de la route de la Révolte et du boulevard Ornano, à Saint-Denis. Trois voies y mènent de Paris : Tramway, gare Saint-Lazare à Saint-Denis, passant devant l'usine ; tramway Bastille-Saint-Ouen, dont le terminus en est à un quart d'heure à pied, et enfin les trains du Nord qui s'arrêtent soit à la plaine Saint-Denis, soit à Saint-Denis avec un quart d'heure encore de route à faire à pied.

Nos camarades pratiquèrent les trois voies et à l'heure dite, tout le monde était là. Notre Président présentait les ingénieurs actuels ou futurs à M. Wolff, gérant de la Société, qui les recevait avec sa bienveillance habituelle, et la visite commença aussitôt.

Le directeur de l'usine, M. D'haëne, homme d'un rare mérite et que nos visiteurs ont pu, pendant les quelques heures qu'ils ont passées avec lui, apprécier à sa juste valeur, avait préparé une exposition complète des différents bois utilisés dans la fabrication, ainsi que des outils à main exigés par le travail du bois. Excellent complément pratique aux excellents cours professés à l'école, car à côté de la cognée si connue, chacun put voir l'herminette à gouge et la bisaiguë, manier le rifflard à fer rond pour dégrossir, la varlope à fer droit pour finir les surfaces cylindriques de grand rayon ou planes, le bouvet pour les rainures, le guillaume pour les feuillures, la guimbarde destinée à dresser les fonds en contrebas d'une surface sur laquelle l'outil s'appuie constamment, les ciseaux, les outils du sculpteur et de l'ébéniste, le matériel enfin de chaque corps de métier.

Cet examen rapidement fait, on procéda à des essais de résistance et de rupture pour les cordes en fil d'acier, la colle, le bois, à l'aide d'un dynamomètre à ressort avec volant régulateur de détente.

Le dynamomètre se compose d'un ressort à deux branches prenant appui par un des bouts dans la masse I et relié par l'autre à la masse T. Cette dernière fait corps avec le premier curseur d'attache. Un second curseur d'attache est commandé par une vis à manivelle d'un pas de 4 millimètres. Les curseurs glissent sur les côtés du chassis de fonte qui encadre tout l'appareil et donne appui à la vis de traction.

Une division en millimètre sur une des glissières permet, avec les verniers portés par les deux curseurs, de mesurer à chaque instant la longueur ou l'allongement d'un corps quelconque tendu entre les deux points d'attache fixés à ces curseurs, en même temps que la petite potence M, fixée au bloc T mobile avec le premier curseur d'attache, entraîne la potence O réunie au couvercle par deux brides dans lesquelles elle glisse d'un mouvement rectiligne. Une de ses faces forme crémaillère déterminant la rotation d'un pignon commandant l'aiguille indicatrice montée sur le même axe que lui. Le chassis de fonte ayant été placé verticalement on a pu suspendre à la cheville

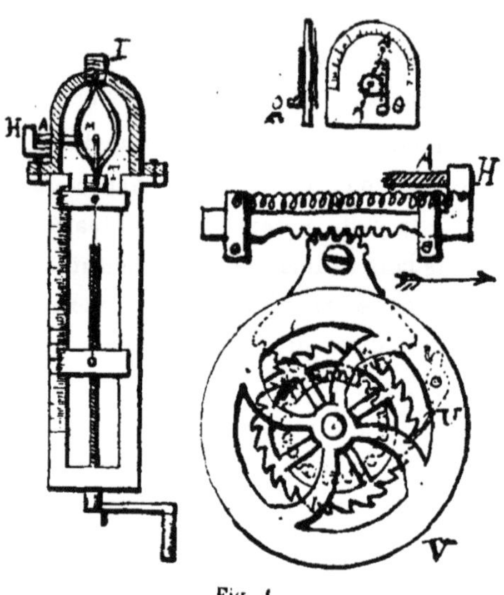

Fig. 1.

du premier curseur des poids variables et graduer expérimentalement l'appareil.

En cas de rupture du corps sur lequel on opère la traction, la tringle A montée normalement sur une des branches du ressort, vient frapper, par suite de la détente de ce ressort, la pièce H. Celle-ci tend donc à se déplacer dans le sens de la flèche et par suite à communiquer à l'aide de deux engrenages multiplicateurs une vitesse la rotation très appréciable au volant régulateur V. Ce dernier échappant le rochet U ne se met en mouvement que lorsque sa force d'inertie de mouvement est vaincue par la détente du ressort. Cette détente au lieu d'être brusque est donc ralentie. La masse du volant et sa distance moyenne au centre de rotation ont été calculées de façon que pour une rupture à 300 kilogs le ressort se détende lentement.

Le dynamomètre fut mis en expérience pour mesurer la résistance à la rupture : 1° de cordes d'acier ; 2° de collage, et 3° de manches de marteaux.

Les cordes servant à monter l'instrument sont en acier et, jusqu'à ces derniers temps, de fabrication exclusivement anglaise ou allemande. Jusqu'à une époque récente, aucune de nos usines métallurgiques françaises n'avait encore pu donner aux fils des résistances moyennes de 193 kilogs par millimètre carré de section à la rupture tout en leur laissant la souplesse exigée pour la bonne confection des boucles d'attache. Hâtons-nous d'ajouter que l'usine de Firminy a dernièrement fait faire de grands progrès à cette fabrication et que d'après les derniers échantillons essayés on peut espérer que les cordes françaises seront avant peu égales ou supérieures en qualité aux cordes anglaises et allemandes.

Les essais pratiqués avec les cordes anglaises Houghton et allemandes Pœhlmann, exclusivement adoptées jusqu'ici à l'usine, ont donné des résultats dont nous transcrirons les trois suivants :

Le N° 12. Houghton a pour diamètre moyen $\frac{76}{100}$ de millimètre, rupture à 90 kg soit 200 kg par mm² de section.

Le N° 18. Houghton a pour diamètre moyen $\frac{102}{100}$ de millimètre, rupture à 158 kg soit 193 kg par mm² de section.

Le N° 21. Houghton a pour diamètre moyen $\frac{116}{100}$ de millimètre, rupture à 187 kg soit 186 kg par mm² de section.

Notons à titre de renseignements que 1m de corde n° 21 pèse 8 gr. 5 en moyenne, sa section étant de 1mm carré à très peu près. La densité de cet acier varie entre 7,9 et 7,95.

Du tableau résultant d'un nombre considérable de mesures analogues on peut conclure :

Que la résistance moyenne des cordes acier anglaises est de 193 kilg. par millimètre carré de section. Que cette résistance est plus forte pour les petits diamètres et décroît à mesure que décroît le nombre de passages à la filière supportés par le métal.

Que toutes choses égales d'ailleurs le fil allemand Pœhlmann est supérieur au fil anglais Houghton. Enfin, qu'au point de vue de la résistance, les fils d'acier de Firminy sont déjà de beaucoup supérieurs aux uns et aux autres. — Saluons en passant ce résultat qui nous permettra de nous passer des produits étrangers pour la fabrication française lorsque les cordes de Firminy auront joint à cette résistance la souplesse, l'égalité et l'homogénéité des cordes étrangères.

Essais de colle. — L'emploi de la colle pour la fabrication des pianos est considérable, et de la qualité des collages dépend souvent la bonté des instruments. Une colle est déclarée bonne lorsque deux morceaux de bois étant collés ensemble avec cette dernière, la séparation des deux morceaux ne s'obtient que par une cassure qui n'est pas dans le plan de collage, lorsqu'il y a arrachement d'un morceau par l'autre.

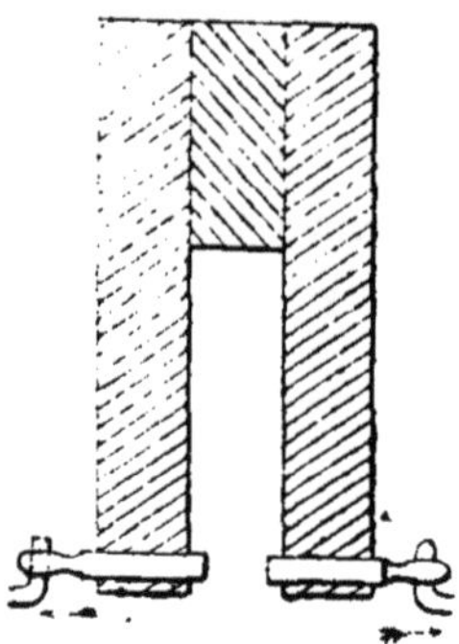

Fig. 2

Des étriers reliés aux curseurs d'attache emprisonnent les extrémités libres de deux parallélipipèdes de hêtre réunis à la partie supérieure et sur la moitié de leur hauteur par un autre parallélipipède sur lequel ils sont collés. Au moment de la rupture, le dynamomètre indique la traction réalisée. Le nombre lu n'est pas un effort absolu, c'est un chiffre de comparaison suffisant pour indiquer si le collage est bon, très bon ou mauvais.

En substituant aux étriers une pièce à crochet central et une autre à deux anneaux latéraux on a un appareil qui permet de mesurer l'effort à faire au milieu d'une tige prise librement en ses bouts par les deux anneaux pour obtenir la rupture.

Après cet examen poursuivi par chacun des visiteurs, M. Wolff, les réunissant autour de lui, fit l'historique suivant :

« La maison Pleyel, Wolff et Cie a été fondée au commencement » de ce siècle par M. Ignace Pleyel, élève et ami de Haydn : » M. Pleyel était à la fois un compositeur distingué dont les œuvres, » très appréciées à cette époque, conservent un rang honorable dans » l'histoire de la musique. Il fut d'abord éditeur de musique et a » publié, en autres œuvres, la plupart des symphonies et quatuors » de son maître Haydn dans un petit format bien connu des ama» teurs et fort recherché aujourd'hui.

» Il ajouta à son commerce d'éditeur de musique un atelier pour » la fabrication des pianos et associa à ses nouveaux travaux son

» fils Camille, excellent musicien et très habile pianiste lui-même, » qui s'était déjà acquis une réputation personnelle tant en France » qu'en Allemagne. La nouvelle fabrique fit de rapides progrès et » grâce à l'impulsion vigoureuse que lui donna le fils d'Ignace Pleyel, » elle acquit bien vite une grande réputation. A la mort de » M. Ignace Pleyel, son fils, redoublant d'énergie, fit de tels progrès » que la maison Pleyel et Cie obtenait à l'exposition française de » 1827, la médaille d'or qui constituait une récompense de la plus » haute valeur. Nous abrègerons le récit des travaux de la maison » qui peuvent se résumer en peu de mots : énergie, persévérance, » travail incessant.

» M. Pleyel remporta, à la suite de ce premier succès, les plus » hautes récompenses à toutes les expositions et enfin il fut nommé » chevalier de la Légion d'honneur en 1845. Sa situation d'expert » auprès du jury le mit hors concours en 1849. Les travaux » de M. C. Pleyel obtinrent encore la médaille d'honneur à l'expo- » sition universelle de 1855, mais il ne put jouir lui-même de ce » nouveau succès, il mourut le 4 mai de cette même année et ce fut » M. Aug. Wolff, son ami et son élève qui, lui succédant à la direc- » tion de la maison, recueillit cette dernière récompense que son » maître avait méritée ; il est juste de mentionner la collaboration » d'un grand artiste, Kalkbrenner, pianiste des plus distingués et » professeur en grand renom qui avait apporté à C. Pleyel le » secours d'une influence artistique très considérable.

» Au moment où M. Wolff prit la direction des travaux, la maison » fabriquait déjà un nombre considérable de pianos, de 1,000 à » 1,200. Le nouveau chef s'inspirant des conseils et des exemples » de son maître n'eut qu'à suivre la même voie ; une énergique » impulsion fut donnée à la maison, dont la raison sociale était » devenue Pleyel, Wolff et Cie, et la production s'éleva progressive- » ment de 1,200 à 1,500, puis à 1,800, et enfin au chiffre actuel qui » varie de 2,600 à 2,800.

» La maison se compose actuellement de quatre établissements » distincts :

» 1° L'usine à vapeur de Saint-Denis, établie sur un terrain de » quatre hectares, chemin de la Révolte et boulevard d'Epinay.

» 2° La maison de la rue Rochechouart où se trouvent plusieurs » ateliers, les salons de vente, la salle de concert et l'administration » générale.

» 3° La succursale pour la vente et la location, rue de la Chaus-
» sée d'Antin, 52.

» 4° La succursale de Londres, New Bond Street.

» La maison Pleyel, Wolff et Cie s'est tenue au courant des progrès de la facture, et par son activité, elle a été plus d'une fois à la tête des réformes qui ont eu lieu à diverses époques. Ainsi elle est la première fabrique de pianos qui ait fondé une usine à vapeur pour appliquer d'une façon générale l'outillage mécanique à son industrie. Cette innovation a permis, tout à la fois, d'améliorer l'exécution des travaux et d'y apporter une économie dont le public et les ouvriers ont pu profiter.

» La maison possède à son actif les inventions spéciales suivantes.

» Le *pédalier*, instrument à clavier pour les pieds destiné aux organistes, est devenu l'outil indispensable de cette famille d'artistes.

» Depuis l'existence de cet auxiliaire précieux nos organistes ont acquis une habileté à se servir de la pédale, qui faisait défaut aux anciens représentants de l'école d'orgue. Il y a d'ailleurs outre la musique d'orgue proprement dite (qui renferme toujours une partie de pédale) une collection d'œuvres importantes des grands maîtres, clavecinistes et pianistes, qui ne sont exécutables qu'avec la pédale. Ces ouvrages sont en général d'une grande difficulté et les artistes qui ont fait du clavier de pédale une étude sérieuse sont seuls en état de les exécuter.

» Le *clavier transpositeur* est devenu l'instrument annexe de tout piano dans les maisons où l'on fait de la musique d'ensemble, dans le cabinet du professeur de chant, au théâtre, pour l'étude des rôles. On sait dans combien de circonstances l'accompagnateur est obligé de transposer, et la difficulté est toujours très grande. Le clavier transpositeur se place sur tous les pianos, se règle avec la plus grande facilité et une fois réglé ne subit aucune altération dans son fonctionnement. Ajoutons que le piano sur lequel on le place, sans préparation aucune, n'en éprouve aucun inconvénient.

» La *pédale tonale* a excité la curiosité des artistes et les a charmés par la beauté des effets que l'on peut en tirer. Elle présente cet avantage, inconnu jusqu'à présent, de pouvoir mettre la pédale pendant les gammes diatoniques ou chromatiques, sans laisser résonner d'harmonie fausse, autrement dit, on peut à l'aide de ce

» nouvel organe, dont l'emploi est des plus faciles, ne faire vibrer » que telles notes que l'on veut du milieu des traits les plus » compliqués.

» Cette invention, très appréciée des artistes toutes les fois qu'ils » ont été appelés individuellement à en constater les effets, ne s'est pas » encore répandue, il faut le reconnaître. La cause de sa non réus- » site est probablement dans la nature même de l'idée, dans le » caractère de l'effet qui n'est pas précisément d'accord avec le » goût du jour plus porté vers les effets de puissance et de force que » vers les délicatesses d'une harmonie pure.

» Depuis longtemps la maison a créé des modèles de pianos à » cordes croisées, dans lesquels, loin de copier la fabrication améri- » caine ou allemande, elle applique le fer forgé et le bronze, à l'exclu- » sion presque complète de la fonte de fer. Aussi les pianos de la » maison Pleyel, Wolff et Cie sont-ils à l'abri des accidents de rup- » ture que l'on évite à peine en donnant aux pièces de fonte une » épaisseur considérable.

» Ils ont reçu par là l'avantage d'être beaucoup moins lourds que » les instruments construits sur cadre en fonte massive. Un seul » chiffre suffit pour faire ressortir la supériorité du fer forgé : nos » grands pianos pèsent 250 kil. tandis que les formats similaires » allemands pèsent au delà de 400 kil.

» La maison Pleyel, Wolff et Cie fabrique elle-même toutes les » pièces constitutives de ses pianos, telles que caisses, claviers, » mécaniques, marteaux, cuivrerie, serrurerie, etc., etc.

» Nous nous abstiendrions de faire une pareille déclaration s'il » n'était pas légitime et nécessaire de faire remarquer que l'usine » se distingue par là des nombreuses fabriques qui ne produisent » pas les plus importants organes de leurs instruments, mais qui » achètent dans des maisons spéciales les principales pièces élémen- » taires du piano et se bornent ensuite à les rassembler.

» C'est ce travail de création des éléments et d'assemblage des » pièces créées par nous que nous allons suivre ensemble depuis le » débit de l'arbre jusqu'au dernier réglage de l'instrument » terminé. »

Et nous continuâmes la visite de l'usine.

Approvisionnements. — Les chantiers de l'usine de Saint-Denis renferment pour près d'un million de bois des diverses essences qui entrent dans la fabrication du piano. Tous ces bois sont de première qualité.

Les principales essences sont :

Pour la construction : Chêne, hêtre, sapin, tilleul, tulipier et noyer d'Amérique.

Pour la mécanique : Poirier, cormier, olivier, charme, érable, hiccory (bois d'Amérique).

Pour l'ébénisterie : Palissandre, acajou, poirier teint dit bois noir, noyer loupe d'Orient et divers autres pour les pianos riches ornementés.

Ces bois se divisent en deux grandes catégories. Bois indigène venant de France ou des pays voisins et bois exotiques.

Une grande partie des bois indigènes et la plupart des exotiques arrivent à l'usine à l'état de grume, en entendant ainsi la partie du tronc de l'arbre déculée et coupée au premier nœud, à la première branche.

Aussitôt que les arbres sont privés de feuilles, que le mouvement de la sève est ralenti ou annulé, que les arbres sont dans le sommeil, on commence l'abattage. Il dure, dans nos pays, depuis le 1er novembre jusque vers le mois d'avril au plus tard, car après cette époque la sève recommence à monter et l'arbre abattu serait sujet à avoir des vers. Dans certaines essences le mouvement de la sève se manifeste même dans l'arbre abattu. Il faut débiter en planches ces sortes de bois sans attendre l'été, c'est ainsi que les hêtres doivent être sciés pour le 15 juillet, sous peine de voir le cœur de l'arbre fermenter, se tacher; on dit alors que la grume s'échauffe. — On comprend l'importance qu'il y a avec de telles natures de bois à se garer, avec le plus grand soin, de toutes les causes facilitant la fermentation, alternative de soleil et de pluie, mauvais égouttage des planches fraîchement sciées, empilage dans des lieux insuffisamment aérés.

Les achats de bois se font soit en forêt, soit en gare ou en chantier à Paris. Le premier mode est le moins sûr, car par un hasard étrange les arbres qui n'ont en général des nœuds que du côté où les frappe le vent, tombent toujours sur ce côté, de façon à enterrer leurs nœuds. Bien évidemment la volonté du marchand n'entre pour rien dans ce fait. De plus, les forêts n'étant pas encore asphaltées, sont généralement tellement boueuses que la grume est recouverte de terreau et de limon en plus d'un endroit et toujours, hasard merveilleux, dans les parties qui ne sont pas absolument saines. Allez donc reconnaître sous une couche épaisse de boue des nœuds couverts, des trous de pivert, etc.

Donc, règle générale, acheter de préférence les bois hors forêt alors qu'ils ont dû se débarrasser de la plus grande partie de leurs souillures trompeuses, et que leur retournement au cric est devenu praticable. De plus, à ce moment, l'arbre déculé suffisamment pour ne plus porter trace des défauts du pied, roulures, cœur rouge, etc. présentera dans cette section arrière, déjà un peu desséchée, un témoin meilleur de ce que sera postérieurement le bois au moment de son emploi.

Avec un petit rabot à main et la rouanne qui sert à marquer les arbres, en creusant à la main des sillons de 2 à 3 millièmes de profondeur soit rectilignes soit circulaires à l'aide d'un poinçon central formant axe de rotation, on peut se rendre un compte plus exact des qualités que présentera telle ou telle nature de bois, comme sa dureté et sa résistance, sa porosité et sa légèreté, sa facilité probable à se polir, à s'écraser, à se fendre, sa tendance hygrométrique, etc., tous caractères que la pratique seule peut permettre de bien reconnaître.

Les chênes viennent de France, d'Autriche, d'Alsace. En France, les forêts du Nouvion, de l'Aigle, de Compiègne et Villers-Cotterets surtout, fournissent à l'usine. On doit éviter les roulures, gerces régnant quelquefois depuis le pied jusqu'au sommet, à l'intérieur de l'arbre suivant une surface conique de même axe que l'arbre lui-même, les nœuds couverts, les coups de tonnerre, les frottures produites par la chûte contre l'arbre encore debout d'un arbre voisin qu'on abat.

Les merrains viennent en général de Russie, et sont de choix à cause des frais de transport.

Les sapins viennent en madriers de Riga et de Norwège : le grand marché est à Dieppe et Honfleur.

Le sapin de table d'harmonie, l'Epicéa, vient de Suisse, du Voralberg, de la Transylvanie. Le grain doit être serré et les cercles de croissance aussi rapprochés que possible, leur écartement devant rester progressif.

Dans l'accacia qu'on trouve partout, on recherche la grande raideur en même temps que l'élasticité.

Les hêtres viennent de la Haute-Marne et des Ardennes: les

premiers sont déculés à la hache en forme de biseau, les seconds sont débarrassés de cette culée par un trait de scie normal à l'axe. Eviter dans ces bois les cœurs rouges, les trous de piverts et l'échauffement.

Avec le charme observer les mêmes précautions qu'avec le hêtre.

Quant aux bois exotiques leur grand marché est au Hâvre où ils arrivent par lots ayant chacun son inventaire. Chaque bille est numérotée et son poids est marqué à froid sur un des bouts.

Les billes de palissandre atteignent jusqu'à 900 kilog. et au-delà. La moyenne est de 250 à 400 kilogs. Les tulipiers, véritables monstres des forêts, arrivent en billes de 3 à 4 mètres de longueur qui mesurent parfois de 3,50 à 4 mètres de tour. Ce bois, très semblable au peuplier de nos contrées, se recommande par ses grandes dimensions et la régularité de ses fibres.

Les bois indigènes s'achètent au décistère en général; les exotiques au kilog. Le toisé des premiers s'effectue au quart réduit d'après les tableaux Perniet et Godard. On mesure la longueur L de l'arbre sans tenir compte des fractions inférieures à 25 centimètres. Au milieu de la longueur ainsi mesurée on prend le tour de l'arbre $2\pi r$, on en prend le quart $\frac{\pi r}{2}$, on élève au carré $\frac{\pi^2 r^2}{4}$ et on multiplie par la longueur.

Ce volume payé est donc représenté par $\frac{\pi^2 r^2}{4} \times L$ tandis que le volume apparent réel serait $\pi r^2 \times L$. Le rapport de ces deux toisés est donc $\frac{\pi}{4}$ Autrement dit, on ne compte comme bois utilisable que les 0,78 du volume apparent de la grume.

Les grumes ainsi toisées sont marquées du marteau de l'usine et dès lors acquises à la maison où qu'elles aient été abattues et examinées. Le transport s'en fait par voie de fer jusqu'à Saint-Denis ou Batignolles où un fardier de dimensions véritablement colossales les prend. On s'en fera une idée quand on saura qu'il arrive à l'usine des grumes de chêne atteignant 18 et 22 mètres de longueur avec un minimum de 180 centimètres de tour au milieu. Pour manœuvrer de pareils morceaux il faut des charretiers habiles et une équipe d'hommes bien faites aux manœuvres de force.

Débit. — Tous ces bois en grumes sont tronçonnés en morceaux de 3 mètres à l'aide du passe-partout, scie à deux hommes, manœuvrée horizontalement à l'aide de deux manches verticaux montés aux extrémités de la lame, puis ces morceaux, amenés aux machines à scier les grumes, sont débités *sur maille* ou *sur quartier*.

On appelle maille du bois les marbrures brillantes ou foncées suivant les jeux de lumière que l'on observe dans toute section d'un arbre par un plan diamétral. Le débit sur maille théorique sera donc celui dans lequel le trait de scie passera sur la maille autrement dit dans lequel le trait de scie passera par l'axe de l'arbre.

Les considérations qui ont amené à ce débit sont les suivantes. Chacun sait que, dans un arbre, tout plan diamétral est une surface de moindre résistance ; on fend les bois à brûler en partant de ce principe si bien mis en évidence par la pratique journalière. Il en résulte que dans une planche A B A' B' débitée suivant un plan non diamétral de l'arbre, il y a une infinité de lignes de cassures probables, *cd*, *ef*, le minimum de résistance se trouvant au milieu de la planche.

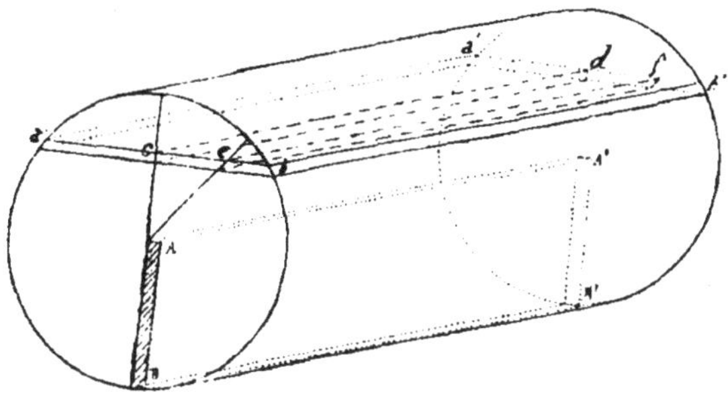

Fig. 3.

Au contraire, dans la planche A B A' B' débitée sur la même épaisseur, mais de telle façon qu'une de ses faces ou son plan médian soit un plan diamétral dans l'arbre, tout effort normal à la planche sera à très peu près normal à la surface de moindre résistance. Aucune cassure n'est à craindre et la planche offre son maximum de résistance pour l'épaisseur qu'elle possède.

Un second point de vue également important conduit à la même conclusion. Le retrait du bois par séchage s'opère normalement aux plans diamétraux de l'arbre. Chacun sait que les fentes d'un arbre ou d'une poutre qui se dessèche affectent la forme de secteurs. Dès lors, pour qu'une planche sciée plane et d'égale épaisseur reste plane et d'égale épaisseur, il faut que le retrait, en chacun de ses points, soit égal et dans des directions parallèles ; il faut donc que tous les plans diamétraux qui rencontrent la planche soient parallèles ; or ils sont convergents, donc il faut que la planche se confonde avec un plan diamétral.

En pratique, on a besoin d'épaisseurs données, on cherche dès lors, à l'usine, les bois capables de fournir ces épaisseurs en restant le plus possible dans les conditions théoriques ci-dessus.

De là ces achats de bois admirables par leurs tailles peu communes.

La figure 4 donne une idée du débit pratique sur maille. L'arbre écœuré fournit 4 plateaux sur quartier. Les cantiberts sont les quatre prismes à deux faces planes et une courbe qui restent alors ; ils sont repris si leurs dimensions sont suffisantes pour donner 4 nouveaux petits plateaux sur quartier a, b, c, d, sinon, on en retire quelques planches contre maille dont l'usage est absolument limité aux emplois inférieurs. Le reste est porté aux chaudières et brûlé.

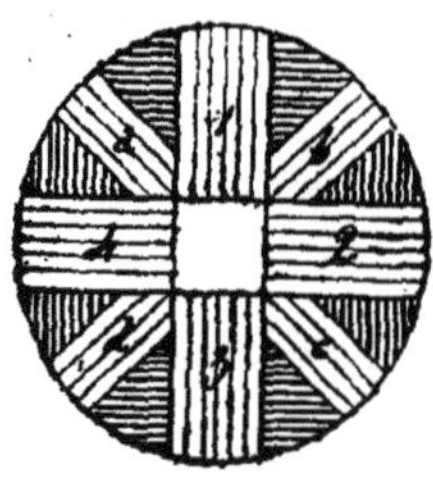

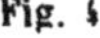

Fig. 4.

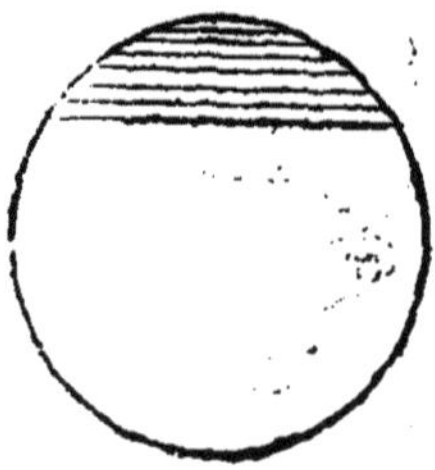

Fig. 5.

Dans le commerce, le plus souvent pour la menuiserie, on débite sur dosses (fig. 5). Rien n'est perdu au point de vue du rendement en bois débité. Dans le débit sur maille, au contraire, on doit compter de 3 à 4 pour 13 de perte en volume avec le chêne grosse écorce, et 2 à 3 centimètres d'aubier.

Pour le hêtre qui n'a pas d'aubier et dont l'écorce atteint 7 à 8 millimètres, la perte est néanmoins à peu près la même à cause de l'écœurage qui doit être poussé plus loin que dans le chêne. Le cœur du hêtre est dangereux en effet, volontaire et nerveux, on le sacrifie largement à l'usine.

Aussi le rendement en quantité est-il moindre à l'usine que dans le commerce, mais celui en qualité est excellent. Cela se balance au point de vue économique, car ces sacrifices et les soins minutieux ont porté leur fruit en donnant à la maison une renommée universelle.

Ces considérations ont amené la maison à essayer à faire débiter de suite en Autriche les chênes en plateaux par les exploitants mêmes de forêts. L'expéditeur n'a pas à payer le transport du quart de la grume (écorce, aubier) qui n'a aucune valeur : s'il est consciencieux il se rend compte de la qualité réelle de son bois, rebute les plateaux noueux ou mal débités et n'expédie à Paris que du bois de choix qu'on lui paie au cube réel. L'acquéreur a ainsi du bois sans défaut et déjà un peu sec.

Cet avantage est surtout à considérer avec les bois exotiques que l'on paie au kilog. Une bille de noyer d'Amérique ayant été débitée en plateaux, on releva le poids de ces plateaux pour se rendre compte de la perte par le débit. Six mois après chacun de ces plateaux avait perdu 1/3 de son poids.

Les plateaux sur quartier obtenus sont immédiatement débités en planches et empilés dans le chantier.

Chantier. — Le chantier de l'usine Pleyel, Wolff et Cie se compose de deux parties. Un chantier découvert : chaque pile y est couverte d'un toit en tôle ondulée à deux pentes, et bien isolée de ses voisines. Les piles, admirablement alignées, sont groupées en quartiers bien distincts, séparés les uns des autres par de très larges rues qui permettraient en cas de sinistre de faire la part du feu dans le cas peu probable où l'on ne pourrait s'en rendre maître.

L'empilage se fait avec un soin extrême. Les planches sont disposées à des distances fixes l'une de l'autre par assises horizontales. Des tasseaux rigoureusement d'égale épaisseur sont disposés perpendiculairement à la longueur entre les assises, et assez rapprochés pour que les planches ne fléchissent pas sous leur propre poids entre ces points d'appui. Enfin les tasseaux sont alignés dans des plans verticaux pour éviter les gauchissements par les porte-à faux.

Grâce à ces dispositions l'air circule librement tout autour des planches et le séchage se poursuit lentement, mais sûrement. Ces piles atteignent 7 ou 8 mètres et présentent des surfaces totales de

7 ou 800 mètres en 17 m/m d'épaisseur et 5 à 600 mètres en 27 m/m d'épaisseur pour le chêne, tilleul, grisard. Selon l'épaisseur, les piles restent de 2 à 5 ans dans le chantier. Cette période est nécessaire pour priver complétement le bois, non pas de son eau d'hydratation pour ainsi dire, mais de sa sève et de son eau de constitution. L'eau d'hydratation reprise dans les temps humides peut être enlevée en peu de jours par un courant d'air sec et chaud.

Hangar couvert. — Ce hangar gigantesque recouvrant une surface rectangulaire de 20 m. sur 60 m. de long, est constitué par 16 fermes formant 15 travées de 4 m. Le toit est à deux pentes à 45° couvert en tuile, le faitage étant à 15 m. du sol ; cette pente a été ainsi donnée pour laisser moins de prise au vent.

Dans ce hangar sont empilés les bois exotiques et les indigènes sensibles comme le hêtre, par exemple, pour lesquels des alternatives d'exposition à la pluie et au soleil sont mortelles.

Le cube moyen est de 1650 mètres cubes de bois auxquels viennent s'ajouter 50.000 kilogs de bois des îles. Si cette masse prenait feu il se dégagerait un nombre de calories assez remarquable, car ce nombre serait certainement supérieur à *six trillions de calories*.

Mais heureusement les précautions les plus minutieuses sont prises. Le hangar est coupé en deux par un mur de défense en moëllons et briques et l'usine est bien armée contre un pareil danger. L'ordre de ce chantier et son organisation sont admirables. Chaque pile est numérotée et porte sur une étiquette mobile, avec son acte de naissance, le détail de sa constitution. Suivant les besoins une équipe de 20 à 30 hommes (selon l'époque de l'année) empile et dépile. Tous les mouvements dans l'usine sont faits par transport sur wagonnet à traction humaine sur voie de fer étroite.

Séchoir clos. — Ces bois dépilés sont portés à l'usine à vapeur où les machines les débitent pour l'usage auquel on les destine, et ces morceaux de piano sont reportés au séchoir clos mesurant sur deux étages 39 mètres sur 12. Il y a toujours dans ce bâtiment, en cours de séchage à la température moyenne de 20 à 25°, de quoi faire de 1500 à 2000 pianos. Un ventilateur aspire au centre du bâtiment l'air chaud produit par le rayonnement de 4 énormes poêles placés aux 4 angles du bâtiment, et allumés pendant 8 jours alternativement 2 par 2 en diagonale. Ce système a été reconnu de beaucoup le meilleur pour un séchage méthodique et complet.

Usine à vapeur. — Après les chantiers, l'usine à vapeur. Isolée de tous les autres bâtiments dont elle occupe la partie centrale, cette usine comporte : chambre des générateurs, salle des machines, scierie et forge au rez-de-chaussée. Au premier, des ateliers mécaniques pour les petites pièces, travail du bois et du bronze, de l'ivoire, des claviers. — Au-dessus, ateliers mécaniques pour la fabrication de la *mécanique* et son montage.

Cette usine comporte en tout 4 générateurs et 2 moteurs.

120 machines outils dont	70	travaillant	le bois,
	30	id.	le fer,
	20	id.	le cuivre.

Générateurs. — Ils sont au nombre de 4. — 3 tubulaires Farcot de 50 chevaux actionnant les moteurs ; 1 à bouilleurs latéraux pour la teinture.

Cette petite chaudière est destinée à maintenir à l'ébullition l'eau chargée de gallate acétique de fer de 4 grandes cuves en sapin contenant le bois à teindre en noir. Les conduites de vapeurs percées de trous, serpentant dans ces cuves, sont en cuivre rouge pour mieux résister à l'attaque du bain. Les cuves ont 2 m. 60 sur 1 m. et 0 m. 80 de haut. Le bois reste, suivant l'épaisseur, de 2 à 4 semaines dans ce bain bouillant. On vidange au siphon pour écouler l'eau de condensation et renforcer le bain.

La force normale de la chaudière est 8 chevaux. Mais en bonne marche il faut se tenir à 2 atmosphères 1/4 : ce résultat que la théorie indiquait a été pleinement confirmé par la pratique. A 5 kilogs la chaudière se vidange et on est obligé de procéder par coups de feu, ce qui est détestable.

La flamme lèche A, d'avant en arrière (*fig. 6*), puis B, d'arrière en avant, remonte vers C en avant et pénètre à l'autre bout dans le carneau.

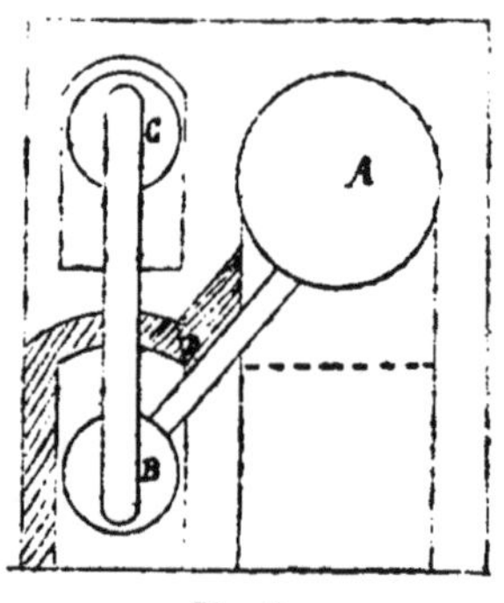

Fig. 6.

Précautions. — Avec ces chaudières le tartre est très à redouter : 1° Le détartrage des bouilleurs par piquage se fait très difficilement, un enfant seul peut pénétrer dans ces cylindres; 2° Le tartre accumulé et non attaché peut à un certain moment s'accumuler dans la partie inférieure du tube BC en cuivre rouge et isoler C du reste de la chaudière. Dans ce cas le courant d'eau chaude qui doit régner entre B et C et rendre brûlant le tube BC n'existe pas, le tube reste froid et la pression ne monte pas au manomètre qui est fixé sur A. Il faut alors mettre les feux à terre et au plutôt démonter le tube et vider la chaudière.

Dans la construction une difficulté qui se présente toujours a été surmontée très heureusement à l'usine Pleyel, Wolff et Cie.

La voûte surbaissée protégeant le bouilleur inférieur (fig. 6 et 7) et la voûte inclinée surmontant la tubulure BA se rencontrent de telle sorte que la construction en briques de cette voûte d'arête est impossible. On s'en tirait jusqu'alors en superposant les briques par escaliers. Il y avait à cela deux inconvénients ; tout d'abord le courant se brisant contre ces dents, le tirage se trouvait diminué ; mais de plus la solidité d'une telle construction était nulle et à chaque nettoyage on devait réfectionner cette partie. On fit forger à l'usine l'arête DD en fer de 17 sur 20 de façon que la grande face restât constamment parallèle au plan de la tête de la voûte inclinée — cette pièce se terminait aux deux bouts par deux retours horizontaux qui restèrent libres dans deux petites cavités ménagées sur les pieds droits de la voûte B, afin de permettre la dilatation. Une pièce K (fig. 7) parallèle à cette voûte B portait par un étrier la pièce GH en son milieu.

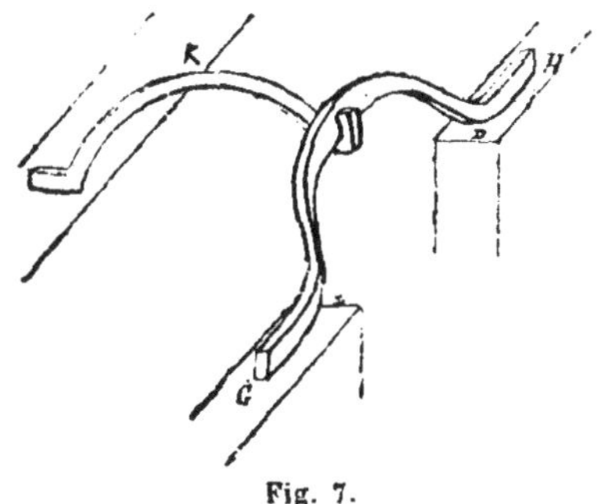

Fig. 7.

Les deux voûtes furent construites régulièrement et grâce à cet appui sur l'arête matérialisée, elles sont aujourd'hui en aussi parfait état que le jour de leur construction.

Cette chaudière à cette marche à 2 at. 1/4 consomme en 10 heures 300 kilog. de charbon, $2^{m3}5$ d'eau d'alimentation fournie par un Giffard dont le fonctionnement est parfait même pour une pression plus faible que 1 at. — On vidange tous les huit jours. Nettoyage à fond tous les trois mois.

Les générateurs Farcot sont tubulaires, de 50 chevaux chacun, présentant 80^{m2} de surface de chauffe. Deux corps cylindriques de $1^{m}30$ de diamètre superposés et reliés entre eux par une tubulure pouvant livrer passage à un homme, sont enfermés dans une enveloppe en tôle qui remplace avec avantage les massifs de maçonnerie des chaudières à bouilleur.

Dans le cylindre inférieur glisse l'appareil de chauffe composé d'un foyer à l'avant terminé par une plaque à tubes recevant les 109 tubes de cuivre rouge ou de fer qui conduisent la flamme dans la boite à fumée, espèce de fond de boîte en tôle percée qui reçoit les extrémités arrière des tubes. La plaque d'avant du foyer et la cornière arrière de la boîte à fumée se boulonnent sur les cornières d'assemblage rivées sur les deux tranches du cylindre inférieur.

L'allongement de ce cylindre étant nul ou négligeable par rapport à celui des tubes de cuivre, on a dû permettre à la plaque de fond du foyer un mouvement en avant et cela a été très heureusement résolu en donnant à la partie antérieure du foyer une forme emboutie faisant office de soufflet.

Une chaudière au repos ayant été démontée, nos camarades purent voir comment les flammes, après avoir traversé foyer et tubes contenus pendant la marche à l'intérieur du cylindre inférieur, sortaient par la boîte à fumée, remontaient lécher le corps cylindrique supérieur d'arrière en avant pour redescendre sous le foyer dans le carneau de tirage.

Les *avantages* de ces chaudières sont les suivants :

1° Grande surface de chauffe, mise en pression assez rapide.

2° L'ensemble — foyer, tubes, boîte à fumée — est mobile sur des galets le long de glissières rivées sur la partie interne du cylindre supérieur, de sorte que les assemblages à boulons des extrémités de cet ensemble avec les sections extrêmes de ce cylindre une fois défaits, on peut avec la plus grande facilité sortir toute la partie mobile et mettre ainsi au grand jour toutes les surfaces susceptibles de se recouvrir de tartre, — partie interne du cylindre fixe, partie externe de l'ensemble mobile. — Le nettoyage est donc fort simple et la surveillance facile.

3° Une enveloppe en tôle avec bourrage en poil de chèvre et terre glaise évite le refroidissement par courant d'air ou par rayonnement.

4° Tout en étant métallique, la base d'appui sur le sol a pu être assez développée pour n'exiger que de très faibles fondations. La dépense en maçonnerie est nulle pour ainsi dire.

5° La construction même de la chaudière rend on ne peut plus facile l'application d'une couche de goudron sur les parties de la chaudière qui se trouvent au contact de l'eau. Ce procédé de goudronnage intérieur empêche le tartre d'adhérer aux parois. Le piquage ne se fait plus qu'à peine au coup de feu et avec la plus grande facilité.

Ces chaudières qui sont alimentées à raison de 24 litres d'eau par cheval et par heure marchent ainsi pendant une période de 3 mois : le nettoyage de la chaudière ne présentant nulle difficulté se fait rapidement, un goudronnage abondant est de nouveau effectué et peut sécher à l'air libre pendant un mois, conditions excellentes pour un bon effet de cette couverte.

Le seul inconvénient de l'emploi du goudron est la volatilisation partielle de ce carbure au moment de la mise en marche, son mélange avec la vapeur et son arrivée dans les cylindres moteurs. De là des décollements possibles du tiroir et de sa glace ou tout au moins une action corrodante sur cette glace.

Enfin ce même goudron peut, dans le cas d'une reprise trop rapide de la marche, gêner les appareils magnétiques indicateurs de niveau, la tige verticale commandée par le flotteur éprouvant dans les guides des frottements inusités.

Un séchage suffisant évite tous ces ennuis et nous recommanderons finalement beaucoup ce moyen d'empêcher le tartre de s'attacher aux parois.

Combustible. — Il y a toujours en marche deux de ces chaudières tubulaires de 50 chevaux qui consomment ensemble par 10 heures de travail 1000 kg. de houille et de briquettes, ainsi que tous les copeaux, sciures, déchets de bois, dont l'accumulation dans la scierie serait un danger perpétuel d'incendie et dont le passage continu aux chaudières assure, en même temps qu'un chauffage énergique, une sécurité presque absolue.

Le tirage, activé par une cheminée de 30^m, acquiert avec les copeaux une intensité anormale qui limite le chargement de ce combustible léger, sous peine de brûler les tôles, de monter trop rapidement et trop haut en pression. Enfin, on doit bien fermer les registres pour charger le foyer après la combustion des copeaux sous peine de recevoir des retours de flammes quelquefois très violents.

Moteurs. — Deux machines Farcot transmettent à toute l'usine la force motrice.

L'une du type de 40 chevaux avec détente normale de $\frac{5}{10}$ a donné sans détente, sous pleine pression de 5 kilog. 109 chevaux.

Les dimensions principales sont : course 1,10

Diamètre . . . 0,57

Vitesse . . . . 40 tours à la minute. Le volant à 7 mètres de diamètre et porte la courroie de transmission.

La machine, à détente variable, régulateur Farcot ordinaire, est à condensation. La consommation d'eau de condensation est de 8 litres par coup de piston fournis par la pompe alimentaire. — 40 foulées par minute. — Le vide derrière le piston est de 68^{cm}, la pression restant de 8^{cm} de mercure.

La transmission par cette machine est aérienne.

Dans l'autre moteur du type de 30 chevaux (donnant lui aussi de 60 à 70 chevaux en pleine pression) la transmission est souterraine et plusieurs fois on a dû reconnaître à l'usine les avantages de ce mode tant au point de vue de l'économie de la place dans l'atelier qu'à celui de la sécurité plus grande. Le prix d'installation peut et doit seul être un obstacle à cet établissement.

La course de ce second moteur est de 90^{cm} pour 46^{cm} de diamètre. Le volant a 5 mètres de diamètre et donne 46 tours à la minute. La condensation exige 6 litres par foulée de la pompe. On arrive ainsi à un vide de 0^{m}72 derrière le piston.

Ces moteurs actionnent un arbre de couche qui ne mesure pas moins de 40^{m}. Il règne tout le long de la scierie et sert de commande à la forge et aux autres ateliers mécaniques du premier étage.

Scierie. — La scierie occupe une surface de 60 mètres sur 12 mètres. On y distingue trois grandes divisions :

1° Débit des grumes, puis des plateaux, en planches ou en placages.

2° Débit des planches en morceaux.

3° Travail mécanique des morceaux débités ou constitués.

Le premier atelier se trouve à la partie de la scierie voisine des portes d'accès de l'usine.

Le second, à l'autre bout, tout près du chantier découvert où sèchent les planches fournies par les grumes.

Le troisième occupe la partie centrale.

Le débit des *grumes* en *plateaux* sur *quartiers* se réalise à l'aide d'une scie verticale alternative à plusieurs lames.

La scie verticale alternative permet en général de débiter les *grumes* ou les fortes pièces équarries en une seule fois avec le nombre de lames égal au nombre de traits que l'on veut faire.

A l'usine, le débit des grumes sur quartier conduit à ne monter sur le chassis tendeur que deux lames ou trois écartées de façon à donner 1 ou 2 plateaux sur quartier. Un treuil différentiel mobile sur une voie ferrée à 2 mètres au-dessus du sol permet à un homme d'aller prendre à l'extérieur la grume coupée à 3 mètres de long, écorcée à la hache et à l'herminette, de la soulever et de la transporter à 0m90 du sol jusque sur le chariot de la machine sur lequel on *griffe* l'arbre par les deux bouts. Une crémaillère commandée mécaniquement et avec des vitesses variables suivant les bois à débiter, fait avancer le tout au devant des lames.

Un second treuil différentiel permet de mettre hors chariot, puis à terre, à l'autre bout de la machine, les arbres refendus.

La force employée varie de 8 à 15 chevaux suivant le nombre des lames et les diamètres et essences des arbres. Les diamètres peuvent aller de 0m60 à 1m00.

Une scie à lame sans fin avec chariot à agrafes permet le débit immédiat en planches, de la grume entière ou refendue, ou des plateaux.

L'arbre est griffé horizontalement sur un chariot qui, monté sur un chassis roulant inférieur, peut se déplacer perpendiculairement à la lame de la scie, tandis que le chassis entraîné automatiquement par une crémaillère se meut parallèlement à la scie.

Les poulies porte-lames ont 1m50 de diamètre ; on peut scier 1m00 de diamètre, le chariot restant entre les deux brins de la lame.

La force nécessaire varie de 5 à 7 chevaux-vapeur.

L'avantage de ces scies est de permettre de reconnaître l'intérieur de l'arbre, à mesure que le débit avance et, par suite, de faire varier ce débit en l'appropriant à la qualité du bois rencontré.

— Une *fraise*, scie circulaire à axe fixe atteignant 0m90 de diamètre, permet de reprendre des petits plateaux sur quartier dans les segments d'arbre produits par la scie à grume et dans les *cantiberts*.

Cette scie produit beaucoup ; munie d'un guide qui s'approche ou s'éloigne de la lame en glissant dans une rainure ménagée dans la table de fonte au milieu de laquelle elle est placée, elle permet de reprendre les bois dressés sur deux faces, en épaisseurs voulues.

Les inconvénients de cette scie sont, outre le danger qu'elle présente, qu'elle prend beaucoup de bois (Le trait est de 5^{mm}) et que la force exigée peut facilement varier selon la hauteur et l'essence du bois présenté, de 2 à 8 et même 15 chevaux vapeur. C'est un outil brutal qui débite très vite.

Une *fraise* de 0^{m}90 doit être d'un acier excellent, raide et bien droit, et atteint les prix de 100 à 110 francs.

Une scie à cylindres entraîneurs à lame sans fin permet de dédoubler les plateaux, les madriers, les pièces équarries, en un nombre quelconque de *planches* ou *feuillets*.

La pièce à débiter est amenée d'une façon continue à la scie au moyen de cylindres cannelés commandés par des roues d'angle montées sur un axe à section carrée.

La vitesse d'entraînement est variable à volonté suivant la dureté et la hauteur des bois à scier.

La production de cette machine est considérable. Elle est à deux hommes. Avec les madriers de sapin du Nord 76^{m}/^{m} sur 22^{cm} elle refend 6^{m} de long par minute.

En moyenne, dans les bois tendres, on peut admettre que par journée de travail la surface sciée est de 500 mètres carrés, et de 300 mètres carrés dans les bois durs.

La force nécessaire est de 5 chevaux.

— Lorsque les *feuillets* à obtenir ont des épaisseurs plus petites que 4 millièmes, ou lorsque le bois n'est pas équarri, on emploie avec avantage les *scies horizontales alternatives*.

Ces machines font des sciages de précision, surtout dans les bois précieux — palissandre, acajou. Elles ne font qu'un trait à la fois. La lame est très fine afin de faire le moins de perte possible. Elle est très tendue et le chassis qui la porte est guidé sur la plus grande partie de sa course à l'aide de glissières en bronze dans lesquelles se déplacent à frottement gras les contregarnitures de même métal.

Suivant qu'on fait du *feuillet* (4 ou 8 millièmes), ou du *placage* (1 ou 2 millièmes), le bois est griffé directement, ou bien collé d'abord sur un chassis et ce dernier griffé sur un chariot ayant 4^{m} de haut et $0^{m}80$ de large qui s'avance verticalement de bas en haut pendant que la lame possède un mouvement alternatif horizontal. Le chassis est commandé par crémaillère mue par une vis sans fin menée par roue dentée et rochet. On marche à 1 ou 2 dents à volonté.

La scie s'avance au devant du chassis et prend l'épaisseur voulue.

Trois machines de ce modèle sont en marche continue à l'usine. Elles absorbent en moyenne 3 chevaux chacune.

— Telles sont les machines permettant de réaliser le débit des *grumes* en *planches*, *feuillets* ou *placages*, que l'on empile pour séchage à l'air libre ou en lieu clos.

— L'atelier de débit de ces planches ne possède que des scies circulaires à axe fixe, les unes, munies de guides en fonte que l'on peut amener à la distance voulue de la lame, débitent les bois suivant leur longueur — sciage en long. — Les autres tronçonnent les planches placées suivant leur grande dimension perpendiculairement au plan de la scie et transportées par le plateau mobile sur lesquels on les pose parallèlement à ce même plan.

Une partie des morceaux ainsi préparés est envoyée au séchoir, l'autre subit immédiatement un commencement de dégrossissage dans l'atelier central.

On y remarque d'abord les *varlopeuses circulaires*, grandes et petites.

Ces machines se composent d'une poupée recevant un arbre horizontal à l'extrémité duquel est monté un plateau circulaire tournant avec une grande vitesse et armé de quatre couteaux dirigés à peu près dans le sens du rayon. Les bois à *corroyer* sont griffés sur un chariot animé mécaniquement d'un mouvement de translation longitudinale qui amène successivement toute la surface à dresser devant les couteaux du disque. Une commande à la main permet de faire varier la distance relative du disque au chariot griffeur. — Dans les grandes machines c'est le plateau qui est mobile, dans les plus petites c'est le chariot qui s'approche ou s'éloigne du disque dresseur dont la position reste fixe dans l'espace.

Les petits modèles de ces machines procurent une économie considérable, permettent de traiter des pièces très courtes et remplacent chacune plus de quinze ouvriers varlopeurs. La force employée étant de 3 chevaux pour les petites et de 4 chevaux environ pour les grandes.

On obtient avec ces machines un fini parfait et l'*affût* se conserve fort bien. Le fonctionnement de ces machines est devenu excellent le jour où le plateau porte-lame, au lieu d'être plan, est devenu conique, et où l'axe de rotation au lieu d'être horizontal a été incliné sur l'horizon de l'angle complémentaire de l'angle au sommet du cône. Cette disposition heureuse (fig. 8) fait que chaque génératrice

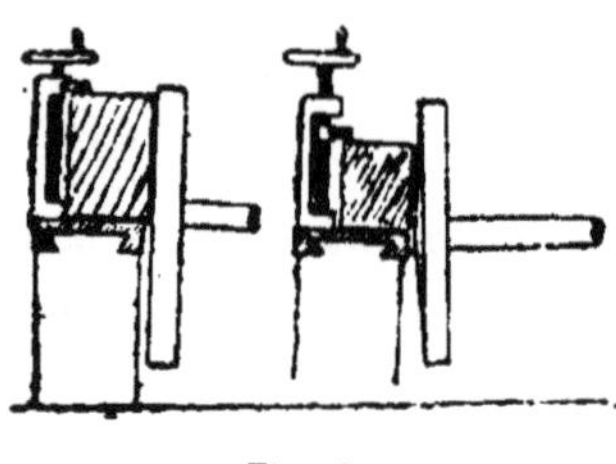

Fig. 8.

du couteau vient à son tour passer dans le plan médian en y prenant alors, et seulement alors, la position verticale, position pour laquelle sa distance au chariot se trouve minima. Les couteaux attaqueront donc le bois successivement et pendant un temps très court, chacun d'eux s'éloignant de la surface à dresser aussitôt qu'il aura dépassé le plan médian.

Pour affuter les fers de ces varlopeuses, mesurant jusqu'à 0m30 de long, on emploie des meules à affutage automatique. Devant la meule en grès rouge des Vosges, un chariot avec un porte-lame est animé d'un mouvement de va-et-vient dont la course est égale à la longueur du fer. Chaque point de la lame passe donc successivement devant chacun des points de la meule. Le mouvement de va-et-vient est communiqué au chariot à l'aide d'un écrou à deux pas dans lequel tourne une vis à deux filets carrés, l'un pas à droite, l'autre pas à gauche.

Les *rabotteuses dégauchisseuses*, à plateau vertical tournant, permettent de *dresser* et de *tirer* d'*épaisseur* des panneaux de grandes surfaces. — Il y en a deux à l'usine.

A l'extrémité d'un arbre horizontal est monté en bout un plateau de fonte. Ce plateau d'une épaisseur de 3 centimètres est percé d'un grand nombre de trous disposés à la rencontre de rayons divisant le cercle en secteurs égaux, et de cercles concentriques au bord extérieur. Dans ces trous peuvent passer des boulons fixant à la partie extérieure du plateau des griffes en fer, dont l'orientation autour de ces boulons peut être modifiée à volonté. L'orientation une fois donnée, on peut faire glisser la griffe le long du boulon si bien qu'en choisissant le trou convenable on peut faire prendre la griffe en un point quelconque du grand plateau et par suite y appliquer par serrage périphérique des pièces de formes quelconques.

On voit de suite que cet outil n'est pratique qu'autant que le nombre de pièces pareilles à *planer* est suffisant pour que le temps de l'organisation du plateau ne représente qu'une valeur relativement négligeable. Il est d'un rendement très bon dans une usine où les travaux peuvent se faire par tournées.

Le long du plateau peut se déplacer, suivant l'horizontale passant par l'axe de rotation, le *fer planeur* monté sur un porte-outil, portant un écrou commandé par une vis horizontale mise en mouvement mécaniquement. Dans une des machines, l'outil avance de 2^{mm} pour 1 tour du plateau. Le plateau a $1^{m}50$ de diamètre et fait 400 tours à la minute.

Dans l'autre, le plateau mesure 2^{m} de diamètre et fait 250 tours à la minute, pour une avancée de l'outil de 4^{mm} par tour. L'outil présente une surface suffisante pour attaquer tous les points du plateau.

Dans la machine à percer les trous de chevilles, la mèche à cuiller est montée sur l'axe de rotation d'une poulie de très petit diamètre. Le châssis qui la porte peut être animé par un levier à main avec contrepoids d'équilibre, d'un mouvement vertical alternatif de bas en haut. Le *barrage* du piano, dans le *sommier* duquel les trous vont être percés aux points marqués d'avance à l'aide de calibres spéciaux, est fixé sur un châssis à pente variable que l'on peut mouvoir à l'aide de deux volants commandant des vis dans deux directions perpendiculaires. On peut donc amener sous la mèche tel point du sommier qu'on voudra.

Machine verticale à moulure dite *toupie simple.* — Cette machine a des aptitudes extrêmement diverses, et le travail très varié qu'elle fournit est parfait. L'arbre vertical en acier peut monter ou descendre à volonté; il porte à sa partie supérieure une mortaise, dont le plan médian passe par l'axe de rotation, et dans laquelle on fixe un couteau ayant exactement la forme du profil à reproduire. Cette machine est employée à faire les moulures courbes quelle que soit leur forme. On les exécute en poussant à la main et en appuyant contre l'arbre le bois préalablement *chantourné*. La quantité dont on fera saillir le fer permettant d'employer l'arbre lui-même comme guide.

Les moulures droites peuvent se faire de la même manière, mais il vaut mieux se servir d'un guide additionnel que l'on fixe à volonté, à l'aide de presses à vis, sur le plateau de fonte. La force employée est de 1 cheval, et l'outil peut faire jusqu'à 3,000 tours.

Dans la machine horizontale à moulures ou profileuse, l'axe horizontal porte en bout un manchon en acier dans lequel on peut monter les fers que l'on veut. Les panneaux à profiler sont fixés sur un chariot qui se déplace normalement à l'axe de rotation.

Pour les moulures ou profilages droits, hauts et surtout à grande profondeur, dans lesquels on a beaucoup de bois à enlever, au lieu de placer le couteau dans une mortaise unique, centrale, creusée dans l'arbre de la toupie, on monte, à l'extrémité verticale de cet arbre, un porte-outils spécial composé d'un manchon en bronze percé de 4 lumières verticales à angle droit, dans lesquelles on fixe les fers convenables.

Chacune des lumières a une hauteur égale au 1/4 du manchon, et porte un fer dont le profil est tel que la section par ce fer du plan méridien normal à la ligne de déplacement du cylindre de bois que l'on veut travailler, soit bien conforme au calibre proposé. Problème de descriptive fort simple à résoudre.

Les fers présentent une saillie très grande parfois : l'outil est animé d'une vitesse énorme, si bien que le ronflement de la *toupie* prend des proportions effrayantes. Quand elle attaque le bois, le bruit rappelle assez bien une décharge, un peu lointaine, il est vrai, de mitrailleuse. Les ouvriers appellent cet outil la *mitrailleuse.*

Rappelons que la pièce à profiler est griffée sur un chariot que l'on retient à la main au moyen d'une manivelle et d'un engrenage, tant est forte la composante tangentielle de l'action des fers sur le bois. La force est d'environ 1 cheval 1/2 ou 2 chevaux.

Tous les outils précédemment décrits occupent la partie Ouest du bâtiment central, séparée de la partie Est par un gros mur de défense de 0m50 d'épaisseur, avec des portes de communication en tôle, suspendues à l'aide de galets fixés à leur partie supérieure et roulant sur des rails en fer scellés dans le mur par deux retours d'équerres. Cette disposition isolerait complètement l'une de l'autre, en cas d'incendie, les deux moitiés de cette énorme scierie.

Nous avons remarqué dans la seconde partie de la scierie : d'abord une *scie à ruban* à grand bâti en fonte avec table inclinable pour le *chantournage* et le sciage rectiligne. Les poulies porte-lames ont 1^{m} de diamètre. Le bâti est d'une seule pièce de fonte et présente beaucoup de stabilité et de solidité. Un frein, manœuvré par le levier de débrayage, permet l'arrêt instantané. Enfin la lame est entourée sur toute sa hauteur pour protéger l'ouvrier contre les accidents.

La force absorbée varie de 1 à 3 chevaux, suivant l'épaisseur et la nature du bois à chantourner.

Là où *la scie à ruban à chantourner* ne peut être employée, c'est-à-dire pour les découpages intérieurs, on emploie une *scie alternative à arc*, dans laquelle la lame n'est pas toujours également tendue. La lame de scie mesure 20^{cm}, le bout inférieur est pincé dans une mâchoire reliée directement à l'excentrique qui commande la transmission. Le brin supérieur libre est emprisonné, après qu'on l'a fait passer dans le trou servant d'amorce au chantournage intérieur, dans la pince d'un curseur relié par une corde à un ressort à lames de 1^{m}75 d'ouverture. Dans le mouvement de descente de la scie, le ressort se tend et fait remonter par son élasticité cette dernière dès que le mouvement de l'excentrique permet l'ascension. Cette machine est nommée aussi *trembleuse*.

La force absorbée n'est que de 1/4 de cheval environ.

Mentionnons un petit perfectionnement très pratique : un soufflet fixé sur la jambe de force qui supporte le ressort, a son côté libre attaché à l'extrémité opposée du ressort. Ce dernier, en se courbant, tire sur le soufflet, le comprime et chasse l'air qu'il contient dans un tube de plomb à bout effilé, placé juste au-dessus du passage de la scie. De la sorte, le chantourneur ne se fatigue pas les poumons pour chasser la sciure qui lui cacherait le trait à suivre, et le découpage se fait dès lors très nettement.

Une machine à mortaises horizontale sert à faire les mortaises des pièces de menuiserie ou d'ébénisterie à assembler. Elle se compose d'un arbre rotatif à l'extrémité duquel est montée une mèche à double cuiller. Le bois est fixé sur un chariot que l'on peut faire avancer avec deux leviers à glissières à main dans deux directions parallèle et perpendiculaire à l'axe de rotation. La *mortaise* se fait avec la mèche ; on commence par percer un trou à chacune des extrémités de la mortaise, puis, en imprimant au chariot un double mouvement de va-et-vient perpendiculaire à la mèche et d'avancée parallèlement à l'axe de celle-ci, on lui enlève tout le bois laissé entre les deux trous précédents. Ainsi faite, la mortaise est terminée par deux arrondis ; on l'équarrit, si besoin est, au *bec d'âne*. Des tocs mobiles, que l'on déplace à volonté, servent à limiter la course du chariot. — La force nécessaire est de 1/2 cheval environ.

Une machine à *tenons* et à *enfourchements* permet de préparer très rapidement les assemblages des pièces à réunir en bout. Sur un axe horizontal de rotation commandé par une longue transmission, on peut monter des fers distants entre eux de l'épaisseur du ou des tenons à réserver au bout de la pièce de bois fixée sur un châssis horizontal perpendiculaire à l'axe de rotation. L'arbre et les outils qu'il porte peuvent être abaissés verticalement, par un levier à main et à contrepoids, le long de glissières. Les fers n'enlèvent donc le bois que peu à peu de haut en bas. Une fois que l'axe a dépassé la face inférieure de la pièce, on remonte tout l'appareil. — La force atteint 1/2 cheval.

Enfin un *tour à bois à mouvement parallèle* ressemblant beaucoup à ceux dont on se sert pour tourner les métaux et permettant de faire avec la plus grande exactitude les surfaces cylindriques et les vis de presses de serre-joints ; deux *varlopeuses circulaires*, une *toupie à fraise*, des *fraises ordinaires*, etc., complètent l'outillage de la scierie.

Forge et serrurerie. — Cet atelier mesure 35^{m} sur 15^{m}. On y découpe, forge et ajuste toutes les pièces de tôle et de fer en barre constituant le *cadre* et le *barrage métallique* permettant aux pianos de la maison Pleyel, Wolff et Cie, de résister à des tractions totales d'une des extrémités sur l'autre atteignant 15.000 kilos, et cela sans que le moindre gauchissement se puisse produire.

Ce cadre en fer se compose d'une tôle de 6$^{m}/_{m}$ d'épaisseur, dans laquelle sont rivées les *pointes d'accroche*. Sur cette tôle sont fixées des pièces en fer formant butée pour les barres de fer de 17$^{m}/_{m}$ sur 31^{mm} qui sont reliées par leur bout libre au sommier métallique. Les agrafes de ce dernier maintiennent et coudent les cordes qui vont s'enrouler autour des chevilles en fer enfoncées dans le sommier de hêtre sur lequel est fixé le sommier métallique.

La forge comporte donc *cisailles* et *poinçonneuses*, pour découper et défoncer les tôles et les fers en barre de 15/30, deux *étaux limeurs* pour entailler ces fers rectangulaires.

Des *perceuses* et des *fraiseuses*, une *raboteuse-planeuse* dont le *porte-objet* animé d'un mouvement alternatif horizontal, commande le *porte-outil* qu'il fait avancer à l'aide d'une vis sans fin, de la quantité qu'on désire, à l'aide d'un arrêt à déclanchement de position variable.

Une *fraise-planeuse* montée sur un axe de rotation horizontal ou vertical, à volonté, tire d'épaisseur et polit les sommiers métalliques (fonte malléable ou bronze).

Les pièces métalliques travaillées à l'usine ne présentent pas les énormes dimensions rencontrées normalement dans les travaux métallurgiques ou miniers. Néanmoins, on est frappé de voir entrer dans la construction des pianos des pièces de fer 15/30, atteignant 1 m. 50 de long et au-dessus, ainsi que des tôles de 1 m. 50 de long et 0 m. 90 de large. — Les machines outils pour le travail du fer, appliquées à l'usine, sont toutes employées dans les grands ateliers de constructions métalliques. Aussi leur examen fut-il rapide. — Une machine permettant de faire d'un seul coup, avec du fer rond de 9ᵐᵐ de diamètre, une pièce portant deux vis de pas et de diamètre différents (vis à bois et vis à fer), attira l'attention des visiteurs.

La tringle est griffée à la position voulue dans une mâchoire qui l'entraîne dans son mouvement de rotation et l'outil procède aux opérations suivantes (fig. 9) :

Fig. 9.

Décolletage de A en B. — Raccord BC. — Filetage AB. — Filetage CD. — Et coupure en E. Tous les outils nécessaires sont sur le même chariot, qu'on fait avancer avec la main ou mécaniquement. — Des butées réglées une fois pour toutes donnent un travail très régulier.

Enfin des meules à marche relativement lente, mais atteignant 1 m. 50 de diamètre, permettent de blanchir les grandes surfaces des tôles d'armature, mesurant en rectangle capable 1 m. 50 et 0 m. 90.

L'utilisation pour macadam des résidus des fosses des meules, a donné des résultats excellents. Ce grès des Vosges en poussière, mélangé aux limailles pulvérulentes de fer, forme une fois à l'air, un revêtement excellent, qui, lavé par la pluie, se débarrasse de l'excès d'oxyde de fer et constitue alors un sol d'une dureté excessive.

Les machines pour le travail du bronze, sont les machines ordinaires; — *fraises planeuses*, *fraises de débit*, *perceuses* et *raboteuses*, *banc à tirer*, *laminoir à mains* : les *taraudeuses* et les *décolleteuses* sont de grande précision.

Dans les ateliers mécaniques du premier, on remarque les outils à travailler le laiton; *découpeuses*, *défonceuses*, *abbateuses d'angles* pour faire les *peignes* des barres de marteau, le manche de chaque marteau pénètre dans une *noix* qui reçoit sur un *nez* convenablement garni, le choc que lui transmet l'*échappement* mis en mouvement par *la touche* sous l'impulsion du doigt.

Dans la noix passe un axe qui se meut à frottement doux dans les deux dents du peigne en laiton situées de chaque côté de cette noix.

Dans l'atelier voisin, se trouvent les tours ordinaires à bois, et un atelier de montage, enfin les machines à *filer les cordes*. Afin d'augmenter la masse de la partie vibrante des cordes donnant les notes les plus graves, on enroule en spirales tangentes autour d'une âme en corde d'acier, un premier trait de fer ou de cuivre rouge, puis un second gros trait en cuivre rouge. — La corde d'acier est tendue entre un crochet et une pince placés sur deux chariots mobiles sur glissières horizontales, une transmission par roue d'angle avec commande au genou, anime crochet et pince d'un mouvement de rotation extrêmement rapide. Le *trait de fer* passé dans la pince est tenu à la main et s'enroule de lui-même sur l'axe d'acier ; de même pour le trait de *cuivre*. — On profite de la fusion relativement facile du cuivre pour souder le trait de cuivre avec des pinces rondes, aux deux points limites fixés pour le *filage*. Le frottement produit une chaleur suffisante pour couper le cuivre et le souder à lui-même et à l'axe.

Au-dessus, l'atelier de *débit*, de *préparation*, *perçage* et *garnissage* des différentes pièces de la *mécanique*. On profile en bandes ou panneaux, suivant les calibres invariables, les différentes parties du mouvement, et on débite à la *fraise* ces panneaux en morceaux de largeur rigoureusement égales, le panneau qu'on avance vers la scie venant, après chaque sciage, buter contre un toc dont la position une fois réglée reste invariable. — Sur ces petites pièces on exécute des perçages de précision, à l'aide de tours faisant deux et trois mille révolutions à la minute ; on ménage des *lentilles de frottement* pour les surfaces devant porter contre d'autres, on pratique des *enfourchements*, le tout avec une exactitude mathématique. — Enfin on garnit ces pièces de mécaniques ; on dispose des garnitures en casimir décati à l'intérieur des trous d'axe afin d'éviter les grincements que ces axes en fil d'argent ou de laiton blanchi pourraient déterminer au contact même du bois. — Cet atelier est l'objet de soins minutieux et d'une surveillance fort attentive.

Une passerelle en fer avec plancher en bois franchit, à une douzaine de mètres au-dessus du sol, les quinze mètres de la portion centrale de la scierie, et aboutit à l'atelier de montage des mécaniques — (*assemblage*, *ajustage* et *centrage des pièces*).

Un escalier intérieur conduit à l'étage inférieur, dans l'atelier des *claviers*. On y débite les dents d'ivoire qui viennent d'Afrique, d'abord en tronçons, à l'aide d'une scie à main, puis en planches, et enfin en morceaux à l'aide de scies circulaires de grande finesse (3 dixièmes de millimètres). — Ces morceaux une fois blanchis et séchés, sont plaqués sur des panneaux en tilleul de premier choix. Ces panneaux sont percés puis débités en *touches* à la machine. On fait enfin la *finission* des *claviers*.

Après avoir regagné par un escalier extérieur le sol de l'usine, et laissé à gauche le grand séchoir clos, les visiteurs longèrent les bâtiments des écoles d'apprentis, d'enfants des ouvriers, la gymnastique, puis arrivèrent au laboratoire.

Laboratoire. — Très complet, il permet de faire toutes les recherches nécessaires pour les analyses, essais de bronze, de laiton, essais de vernis, de matières colorantes, etc. — Il est plus spécialement destiné aux essais et aux mélanges d'eau oxygénée.

Blanchiment de l'ivoire par l'eau oxygénée. — Les ivoires se blanchissaient autrefois par simple exposition au soleil. Sous l'influence des rayons solaires, la matière jaune de l'ivoire se décolorait par oxydation, mais superficiellement, de la même façon que blanchissent les toiles exposées sur prés.

Ce blanchiment était bien peu profond et l'usure des touches et par le polissage et par le frottement journalier joint à la dessiccation lente mais continue des appartements, redonnait fatalement aux ivoires ainsi blanchis, ces tons jaunes de vieil ivoire si appréciés de quelques amateurs, mais désagréables à la majorité.

L'exposition au soleil exigeait beaucoup de temps et présentait le grave danger de gercer les parties d'ivoire qui n'étaient pas sur maille.

On employa alors l'essence de térébenthine qui, agissant par dissolution de la matière grasse, faisait passer par diffusion, de la touche dans le bain, une partie de cette matière dissoute et masquait la couleur de la partie restante en la maintenant à l'état de dissolution à l'intérieur de la touche.

Il fallait cinq ou six semaines d'exposition au soleil de ces bains de térébenthine avec les ivoires minces qu'on y avait disposés horizontalement dans des boites en zinc à couvercle de verre, pour obtenir le blanchîment convenable. — Or ces ivoires, comme les premiers blanchis sous l'action seule du soleil, jaunissaient en vieillissant, et il est facile de se rendre compte de la fatalité de la chose.

La touche contient après son séjour dans la térébenthine, une partie de sa matière jaune dissoute dans un excès d'essence.

Or, dans les appartements secs et ventilés, deux effets vont se produire à la longue. La térébenthine va s'évaporer et, par suite, laissera déposer une partie de la matière colorante, et cela, dans les parties les plus soumises à cette action évaporante, c'est-à-dire à la surface; première cause du jaunissement des touches. En même temps, la térébenthine encore contenue dans les pores de l'ivoire, va se résinifier en acquérant pour son compte personnel une teinte jaune bien prononcée; deuxième cause de coloration de l'ivoire.

Ces considérations ont guidé dans la recherche d'un nouvel agent de décoloration, en réclamant pour lui les conditions suivantes : Destruction complète, et non plus dissolution de la matière colorante ; impossibilité pour le corps employé de donner par lui-même une teinte à l'ivoire.

L'eau oxygénée répondant théoriquement à ces desiderata fut essayée et le succès fut décisif.

Après trois mois de recherches suivies, les conditions pratiques d'un blanchîment parfait à l'eau oxygénée furent mises nettement en lumière. C'étaient les suivantes :

Mise de l'ivoire en bain neutre d'eau oxygénée à six volumes; exposition au soleil, à température voisine de 40°, dans des plats en fonte émaillée blanc, munis de couvercles vitrés pour empêcher la trop grande évaporation. Dans ces conditions le travail qui exigeait six semaines avec la térébenthine, se fait en dix-huit heures avec une économie très réelle au point de vue des matières employées, et une économie non moins réelle au point de vue de la main d'œuvre, de la diminution de la surface de terrains nécessaires à ce blanchîment, des frais généraux ; une même quantité d'ivoire étant 40 fois plus vite disponible qu'auparavant, les approvisionnements, risques d'incendie, diminuent proportionnellement.

La diminution de volume et de teneur du bain, exigeant le mélange en proportions définies de ce qui reste après chaque blanchîment avec une eau plus concentrée à douze volumes, il fallait trouver un appareil donnant par une simple lecture et rapidement la teneur en oxygène de l'eau oxygénée à analyser. — A l'aide de l'appareil réalisé à l'usine, un homme de peine fait chaque jour, en quelques minutes, les analyses nécessaires.

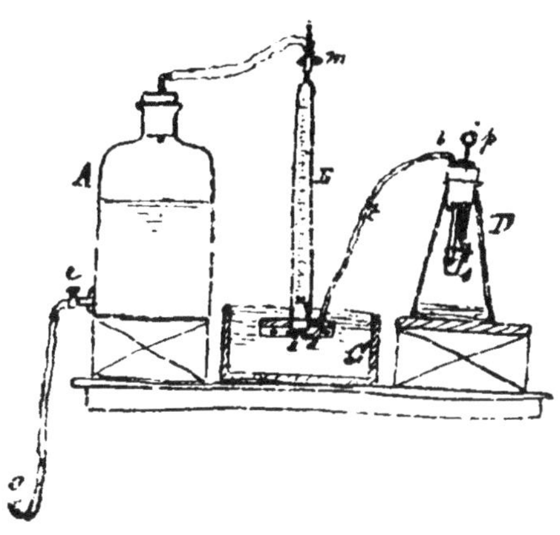

Une éprouvette E, graduée en dixièmes de centimètres cubes, est reliée par sa partie supérieure à un aspirateur A qui permet de remplir très rapidement l'éprouvette avec l'eau de la cuvette dans laquelle son extrémité inférieure est plongée. Le bouchon de caoutchouc qui la ferme est percé de deux trous portant deux bouts de tubes de verre, l'un d'amenée d'eau *a*, l'autre d'amenée de gaz *d*, à l'aide du tube de caoutchouc *t*, reliant ce dernier à l'appareil à dégagement.

L'appareil à dégagement D se compose d'une forte bouteille en verre blanc, rappelant par sa forme les *vases à précipités*, dans laquelle on verse une quantité connue d'eau oxygénée — et que l'on ferme à l'aide d'un bouchon en caoutchouc, portant : 1° un tube en verre de dégagement relié à l'éprouvette par le tube de caoutchouc *t*.

2° Un appareil à panier oscillant permettant, au moment voulu, de faire basculer dans l'eau oxygénée placée au fond du récipient, le bioxyde de manganèse en poudre, contenu dans un petit seau *s* en zinc. Ce seau bascule autour d'un axe horizontal placé hors de l'aplomb de son centre de gravité dès qu'on élève de 5 millimètres, dans le trou central du bouchon, une tige de fer de 1 millimètre de section, passant par son extrémité inférieure dans une bride soudée au petit panier.

Tant que la tige est dans la bride le seau ne se renverse pas : dès que cette dernière devient libre, le basculement se produit.

Fonctionnement de l'appareil. — On sépare *t* de D et l'on plonge le bout libre *b*, dans l'eau de la cuvette C, on ouvre le robinet de l'aspirateur *r*, et on desserre la pince *m*, et comme la distance entre *r* et l'extrémité O du tube de caoutchouc est plus grande que la hauteur de l'éprouvette E, celle-ci se remplit toujours et vivement, si le diamètre de l'ouverture O est assez grand. On ferme le robinet et on serre la pince *m*. On enlève le bouchon de D, on remplit *s* de bioxyde de manganèse, on cale *s* avec la bayonnette *p*, puis on verse en D, 20 centimètres cubes d'eau oxygénée. On bouche D, on remonte le tube *t* sur l'ajutage *b*.

La pression atmosphérique existe partout. Dans ces conditions, on élève la bayonnette *p* de quelques millièmes — *s* bascule, le bioxyde tombe dans l'eau oxygénée et la décompose. De là dégagement d'oxygène, et augmentation de la quantité de gaz dans D, par suite dégagement de gaz par le tube *t* dans E, sur la division duquel on lit le nombre de centimètres cubes de gaz dégagé. En prenant le rapport de ce nombre à 20, on a la teneur en volume de l'eau essayée.

L'espace nuisible du tube *t* et l'influence de la pression due à la colonne d'eau E ont été mesurés et reconnus absolument négligeables en pratique.

Après la visite du laboratoire et la remarque faite par plusieurs ingénieurs de l'application possible de l'appareil au dosage des acides sulfureux, carbonique et en général de tous les corps gazeux dégageables au contact d'autres corps, on fit un examen rapide des différents ateliers où l'on assemblait, montait et terminait les différentes pièces constituées dans les ateliers mécaniques. Dans tous l'on admira l'ordre absolu qui régnait et les soins minutieux apportés sous la responsabilité des chefs et la surveillance des contre-maîtres à tous les travaux.

Dans les ateliers de *barragiers*, on construit la carcasse, l'ossature des différents modèles de pianos. Du sapin de premier choix, on forme les montants contreplaqués en général en chêne.

Ce squelette passe chez les *caissiers monteurs* chargés de l'habiller d'un revêtement en chêne plaqué de palissandre, acajou ou bois noir.

Les *tableurs* les prennent alors, collent avec un soin extrême les tables d'harmonie faites de bois hors ligne, placent les chevalets et les agrafes chargés de limiter avec une exactitude mathématique les longueurs vibrantes des cordes, montent les armatures de fer et de bronze destinées à résister aux 15 et 18 tonnes de traction totale produite par la tension des cordes et les livrent aux ferreurs du haut et du bas qui placent charnières, serrures, roulettes, et cèdent la place aux *monteurs de cordes*. Ceux-ci montent les cordes en les fixant par une des extrémités aux *pointes d'accroche*, les faisant passer sur les *chevalets* à droite et à gauche des *pointes de coudage*, puis dans l'agrafe du sommier du haut, les enroulant alors autour des chevilles de fer qu'ils enfoncent dans les trous percés à la machine pour les recevoir.

Les *finisseurs* reçoivent d'un côté la caisse dans cet état, de l'autre le *clavier* et la *mécanique*. Ils les mettent en place dans la caisse et règlent l'un et l'autre.

Les *vernisseurs* vernissent alors au tampon la *caisse* et lui donnent son dernier *coup de clair*. Entre temps, trois premiers accords sont donnés à l'instrument.

Le piano est expédié alors aux ateliers de Paris où *régleurs*, *accordeurs*, *réviseurs*, *expéditeurs* se le repassent de main en main.

On conçoit aisément comment dans de telles conditions la fabrication a pu être perfectionnée à un si haut degré, et l'on ne peut trop admirer la méthode, l'esprit de suite et la force de volonté qu'il a fallu à M. Wolff et à ses collaborateurs pour créer, avec une sage prudence et un plein succès, un outillage aussi important et une organisation ouvrière, une division du travail aussi parfaite qui a permis de faire face au développement considérable des affaires de l'usine.

D'ailleurs, soin et surveillance sont les mots d'ordre de la maison.

Nulle part, les précautions contre les accidents d'hommes ou de choses ne sont plus intelligemment prises, de l'aveu même des ingénieurs des mines au service de l'Etat, ou des Commissions de surveillance préfectorales ou départementales, et jamais aucune de leurs demandes visant la sécurité, le bien-être même des hommes n'a été l'objet d'un refus.

Les ouvriers sentent qu'on les considère comme autre chose que des machines, et que jamais l'appui qu'ils méritent ne leur fera défaut. Enfin une justice absolue règne dans tous les rapports entre ouvriers, contre-maîtres et direction. Aussi voit-on nombre d'ouvriers ayant 20, 25 et 30 ans de séjour à l'usine. Plusieurs familles y comptent deux et trois générations de travailleurs.

Un véritable centre de population s'est créé aux alentours de la fabrique. Des sociétés de toutes sortes se sont formées. Une compagnie d'archers a reçu de M. Wolff le terrain nécessaire à son stand; des sociétés de consommation se sont créées qui ont permis à des groupes de 20 à 25 membres de s'affranchir de la rapacité et des exigences des débitants du voisinage en s'assurant pour de moindres dépenses une alimentation plus saine et plus abondante.

Enfin une compagnie de pompiers, qui nombre de fois a pu porter chez les industriels voisins un secours rapide et énergique et en sauver plusieurs d'une ruine complète, assure à l'usine une sécurité presqu'absolue grâce aux puissants moyens d'action qu'elle a entre les mains.

Deux principes généraux ont été admis dans la création de ces défenses : 1° Inefficacité et par suite danger des appareils automatiques qui se trouvent ne jamais fonctionner convenablement au moment voulu;

2° Toute-puissance de l'attaque par l'eau dès le commencement de l'incendie; grand avantage des murs de défense épais et de l'eau sous pression en cas de développement du feu.

Dans le chantier découvert, les piles sont isolées les unes des autres et groupées par quartiers avec larges rues de séparation. Les couvertures en tôle ondulée diminuent considérablement les chances de transmission du feu par l'air. Des regards d'eau jaillissante à robinets à clefs, visités tous les quinze jours, permettent de monter de suite les garnitures à lance renfermées sur le regard dans des enveloppes en tôle. L'eau est fournie par un réservoir de 90 mètres cubes alimenté par la ville ou les machines motrices.

Pour le hangar couvert, pour le séchoir, les scieries et les ateliers, de gros murs de défense avec portes de communication en tôle roulant sur des galets, assurent le sectionnement de la partie enflammée, et l'eau de la ville sous une pression de 52 mètres, permettrait d'attaquer d'une des deux prises établies à l'usine le feu où qu'il prît.

Dans chaque atelier, des lances toutes prêtes vissées sur les robinets à clef sont réparties de tous côtés. Près de chaque fourneau, deux seaux, toujours pleins, permettraient et ont déjà permis d'étouffer à sa naissance l'incendie.

Enfin deux pompes à bras, manœuvrées par deux équipes excellentes, fournissent la défense mobile.

Ces armes contre le terrible fléau sont rendues à peu près inutiles par la surveillance et les précautions de chaque jour, de chaque minute, prises à l'usine.

Les copeaux et les sciures au jour sont enlevés des ateliers d'une façon continue et portés aux chaudières. L'enlèvement des sciures accumulées dans les caves des transmissions souterraines se fait deux fois par jour par équipe spéciale. Les veilleurs font éteindre tous les feux à la fin de la journée. Chaque heure, une ronde les assure que tout est dans l'ordre.

Le samedi soir dans les ateliers, le dimanche dans les salles des machines, des chaudières, dans la scierie, on abat à l'eau les poussières qui se sont déposées pendant la semaine sur toutes les surfaces non verticales fermes, entraits, etc.

Rien n'est plus dangereux dans une usine à vapeur que ces poussières impalpables se déposant à chaque instant sur les surfaces inclinées. Leur amoncellement forme une couche extrêmement combustible qui propage le feu instantanément. Une corde tombant d'une ferme jusqu'à terre avait un jour été accrochée au poteau voisin du foyer. Quelque temps après, un retour de flammes faisait voler des copeaux enflammés jusque sur la corde. En un clin d'œil, le feu était aux poussières déposées sur la ferme supérieure, argument puissant pour la théorie de la transmission du feu par les poussières en suspension dans le grisou. Aussi a-t-on adopté à l'usine les revêtements en tôle pour les surfaces horizontales difficiles d'accès, ou les parements verticaux voisins de foyers.

Après que les visiteurs se furent rendu compte des dispositions générales prises contre le feu, ils revinrent se réunir dans le cabinet de M. Wolff, non sans avoir admiré la bibliothèque riche de 1,800 volumes qui est mise à la disposition des ouvriers.

La séance fut terminée par quelques explications complémentaires sur l'organisation du travail, les institutions ouvrières et leur économie données par M. Wolff dans les termes suivants :

Organisation du travail. — « Depuis bien des années déjà le principe » de la division du travail a été appliqué dans la maison et est » arrivé à un degré qu'il serait difficile de dépasser, sous peine de » voir les habiles ouvriers disparaître peu à peu. En effet, la divi- » sion du travail confinant de plus en plus l'ouvrier dans une » spécialité d'où il ne sort jamais, il n'a plus l'occasion d'étendre » le champ de son travail assez pour acquérir l'expérience que doit » posséder le véritable facteur. Cette situation s'aggrave par l'in- » tervention, de plus en plus importante, de l'outillage mécanique » qui réduit encore le rôle de l'ouvrier.

» Ce sont ces considérations fort sérieuses qui doivent inspirer » aux patrons une grande prudence dans l'application d'un principe » dont les avantages sont incontestables.

» Un des correctifs à cette situation est un apprentissage bien » organisé qui permet de faire étudier aux jeunes gens les diffé- » rentes parties du métier, pour les mettre à même d'en adopter » une définitivement. La maison a fait et fait encore de sérieux » sacrifices pour fournir sous cette forme l'éducation technique à de » jeunes travailleurs de 13 à 16 ans qui tout en gagnant, après » quelques mois de stage, une journée raisonnable, passent succes- » sivement par les différentes phases de la facture. Ces jeunes gens » deviennent, en sortant de notre apprentissage, des *caissiers*, » *tableurs*, *mécaniciens*, en un mot, des spécialistes habiles. Actuelle- » ment, la maison compte de 40 à 50 apprentis, qu'elle encourage » par des prix annuels, par des versements faits à leur crédit à la » Caisse d'épargne, parfois, par une indemnité temporaire pendant

» la période où le salaire, fruit direct de leur travail, serait insuf-
» fisant pour les faire vivre.

» Nous réservons une heure de la journée de l'apprenti, et cette
» heure est passée dans une classe spéciale où le jeune homme
» reçoit un complément d'instruction scolaire primaire. Les ouvriers
» formés ainsi composent aujourd'hui une notable partie du personnel
» de la fabrique.

Institutions. — » Nous terminons en mentionnant les institutions
» diverses qui existent dans notre maison, et qui ont toutes pour
» but d'améliorer le sort de l'ouvrier, soit par des secours matériels,
» soit par des encouragements moraux qui le portent à se préoc-
» cuper de son avenir.

» Notre caisse de secours, une des plus anciennes fonctionnant
» dans notre pays, est alimentée par les ouvriers eux-mêmes, en
» même temps que par la maison, qui ajoute, en outre de sa propre
» cotisation (2,400 fr. par an), un médecin à l'année et la fourni-
» ture gratuite des médicaments.

» Une caisse de prêt, sans intérêt, est toujours ouverte pour les
» ouvriers *qu'une cause accidentelle, un décès, la maladie*, le mariage
» d'un enfant, un déménagement, a pû obérer. La restitution de la
» somme avancée se fait par une très faible retenue sur le salaire
» hebdomadaire, d'accord avec l'emprunteur.

» Il existe dans notre fabrique une compagnie d'archers, un
» orphéon, une bibliothèque, un apprentissage sur lequel nous avons
» déjà donné quelques détails.

» Une école est ouverte pour les enfants des ouvriers de notre
» maison, mais seulement pour eux. L'école tenue par trois Sœurs
» (diplômées) de Sainte-Marie de la Famille, étant commune pour
» les deux sexes, ne conserve les garçons que jusqu'à l'âge de 8 ans,
» et les jeunes filles jusqu'à l'âge où il convient aux parents de les
» mettre en apprentissage.

» Un bâtiment spécial est affecté aux écoles, il renferme trois
» grandes salles, une chapelle, et est entouré d'un grand jardin
» dans lequel se trouve un préau couvert.

» Depuis bien des années la maison Pleyel, Wolff et Cie a fondé
» des pensions viagères de retraite pour les ouvriers anciens les
» plus méritants. La pension est de 365 fr. par an, soit 1 fr.
» par jour; les conditions, pour obtenir cette pension, sont :
» soixante ans d'âge et trente années de travail effectif dans la

» maison; mais cette règle n'a pas été appliquée dans sa rigueur, » et plusieurs des pensionnaires, particulièrement intéressants, soit » par leur âge avancé, sans avoir les années de service; soit par » les années de service sans avoir l'âge, ont obtenu la pension. » L'ouvrier peut continuer à travailler tout en jouissant de cette » rente de 365 francs, et nous n'avons pas besoin de dire que ceux » qui le peuvent ne manquent pas de profiter du double avantage » du travail à l'atelier et de la pension de retraite.

» Le nombre de nos pensionnaires est actuellement de quarante- » deux, et ce chiffre, eu égard au total des ouvriers, représente » déjà une proportion assez forte pour que l'espoir d'arriver à cette » position ne soit pas chimérique aux yeux de l'ouvrier laborieux » et de bonne conduite.

» La maison Pleyel, Wolff et Cie augmente graduellement le » capital, dont le revenu est exclusivement affecté au service des » pensions de retraite, ce capital, du reste, est placé à la Caisse de » retraite de la vieillesse.

» A nos yeux notre fondation peut-être considérée comme une » solution heureuse du grand problème qui se discute avec tant » d'ardeur relativement au sort des ouvriers. Elle est essentielle- » ment pratique, et respecte en même temps les intérêts de l'ouvrier » et la liberté du patron; le respect mutuel de ces deux libertés est » la condition indispensable de succès durable pour toutes mesures » ou toutes combinaisons que l'on voudra tenter pour l'amélioration » du sort de la classe ouvrière.

» Il est indispensable, en effet, qu'une liberté absolue soit laissé » à chaque industrie et à chaque maison de mesurer l'importance » des sacrifices qu'elle peut faire aussi bien que la forme sous » laquelle ce sacrifice peut être fait. Toute immixtion de l'autorité » dans une pareille question serait une injustice absolue, en raison » de l'inégalité et des caprices des résultats. Jamais les ouvriers ne » pourraient admettre que la fabrique, dont ils ont constaté l'acti- » vité, n'a fait aucun bénéfice, et cela peut et doit arriver si un » chef prudent a cru devoir sacrifier des bénéfices présents, par » prévoyance, en vue d'un avenir inquiétant.

» Pour peu que l'on ait vécu dans les affaires, on sait quelles » sont les différentes circonstances dans lesquelles un gérant songe » à appliquer tout ou partie de son bénéfice à la création d'une » première ou d'une deuxième réserve. Nous voyons journellement

» des sociétés travailler pendant plusieurs années et appliquer les » résultats de leurs premières années à se former un fonds de » garantie, indispensable pour toutes les sociétés et surtout pour » les compagnies d'assurance. Les associés commanditaires, enga- » gés par l'acte de société, subissent ces réserves et ces retenues » sans mot dire ; ils y sont obligés. Mais les ouvriers, eux, que » diraient-ils, si un patron venait leur déclarer, pendant deux ans, » ou trois ans de suite, qu'il ne peut faire aucune répartition de » bénéfice ? Ne recevant qu'un salaire, pour la fixation duquel il a » été tenu un certain compte d'une perspective de répartition, ils » seront véritablement frustrés et il faut reconnaître que dans ce » cas les droits du patron, d'être prudent en vue de l'avenir, sont » limités par ceux de l'ouvrier qui a consenti à un salaire modéré » par l'espoir d'une part de bénéfice. L'ouvrier aurait donc le droit » de demander des comptes au chef de la maison et, au besoin, de » contester les résultats de ses inventaires. Quel est l'industriel, le » gérant d'une grande et sérieuse entreprise qui acceptera une » pareille situation ? Il serait facile d'étendre ces considérations et » de démontrer sans peine qu'en définitive là seulement où il y a » association, c'est-à-dire partage de risques, il peut y avoir part » aux bénéfices. S'il n'y a pas association le droit au partage n'existe » pas, mais en revanche, une maison qui réalise des bénéfices peut, » inspirée par une pensée généreuse, appliquer une part de ses bé- » néfices à l'amélioration du sort de ses ouvriers.

» A cette générosité se mêle certainement un sentiment de justice, » nous le reconnaissons volontiers.

» Si nous avons consacré quelques instants à cette question c'est » qu'elle est tellement à l'ordre du jour, qu'une maison qui depuis » longtemps s'est occupée très sérieusement de l'amélioration du » sort de ses ouvriers, a le droit de se défendre contre tout reproche » d'indifférence.

» Pour nous résumer, nous avons adopté un mode de rémuné- » ration des services rendus par les ouvriers, qui n'est pas celui » que recommandent certains réformateurs, c'est vrai, mais nous » croyons avoir suivi une ligne de conduite sage et prudente, et » nous pouvons dire à nos confrères de l'industrie : Nous vous » recommandons un système qui, depuis 20 ans, nous donne de bons » résultats; si notre expérience vous inspire confiance essayez à votre » tour. »

G. LYON.

www.ingramcontent.com/pod-product-compliance
Ingram Content Group UK Ltd.
Pitfield, Milton Keynes, MK11 3LW, UK
UKHW020356250726
13967UKWH00005B/2326

9 782013 038324